Impressum
Verlag: BABADADA GmbH, Nedderfeld 112 , 22529 Hamburg
Geschäftsführer / Verlagsleitung: Harald Hof
Druck: Books on Demand GmbH, In de Tarpen 42, 22848 Norderstedt

Imprint
Publisher: BABADADA GmbH, Nedderfeld 112 , 22529 Hamburg, Germany
Managing Director / Publishing direction: Harald Hof
Print: Books on Demand GmbH, In de Tarpen 42, 22848 Norderstedt, Germany

kool
Szkoła

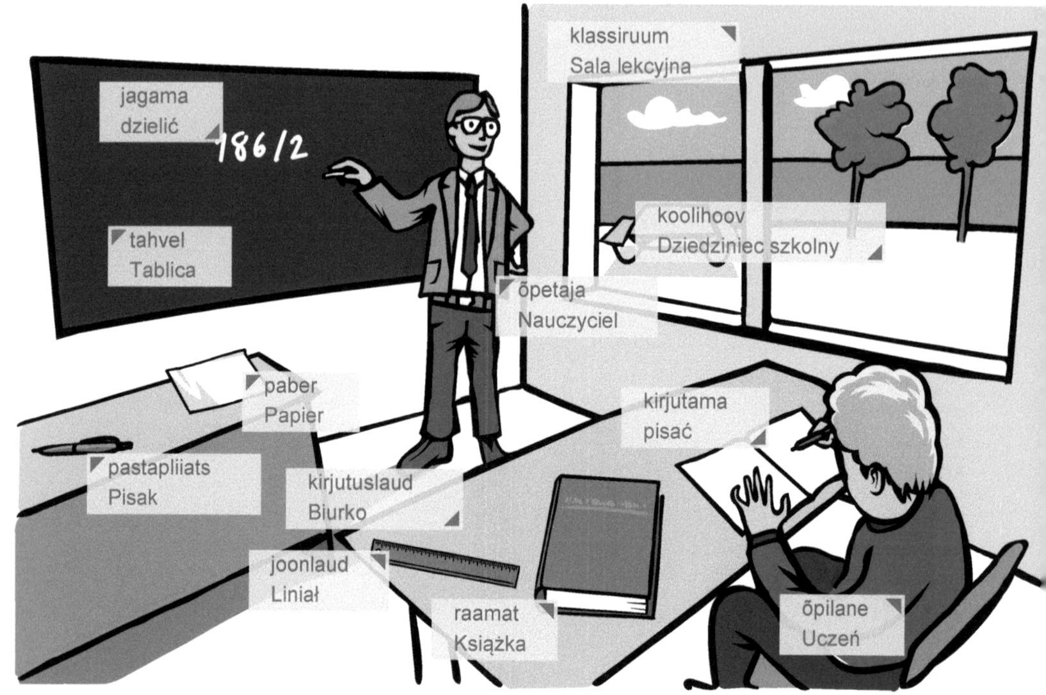

klassiruum
Sala lekcyjna
jagama
dzielić
186/2
tahvel
Tablica
koolihoov
Dziedziniec szkolny
õpetaja
Nauczyciel
paber
Papier
kirjutama
pisać
pastapliiats
Pisak
kirjutuslaud
Biurko
joonlaud
Liniał
raamat
Książka
õpilane
Uczeń

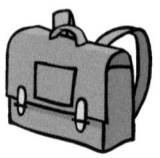

koolikott

Plecak szkolny

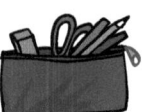

pinal

Piórnik

harilik pliiats

Ołówek

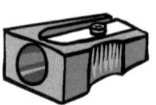

pliiatsiteritaja

Temperówka

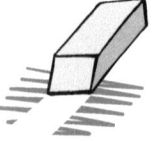

kustukumm

Gumka do mazania

joonistusplokk

Blok rysunkowy

joonistus

Rysunek

pintsel

Pędzel

värvikarp

Pudełko z akwarelami

käärid

Nożyce

liim

Klej

töövihik

Książka do ćwiczenia

kodutöö

Zadanie domowe

number

Liczba

liitma

dodawać

lahutama

odejmować

korrutama

mnożyć

arvutama

liczyć

täht

Litera

tähestik

Alfabet

sõna

Słowo

tekst

Tekst

lugema

czytać

kriit

Kreda

koolitund

Godzina

klassipäevik

Dziennik lekcyjny

eksam

Egzamin

tunnistus

Świadectwo

koolivorm

Mundurek szkolny

haridus

Wykształcenie

entsüklopeedia

Leksykon

ülikool

Uniwersytet

mikroskoop

Mikroskop

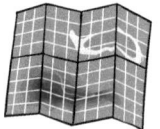

kaart

Mapa

paberikorv

Kosz na odpadki

reisimine
Podróż

hotell
Hotel
hostel
Schronisko
ROOMS
CHANGE
valuutavahetuspunkt
Kantor wymiany walut
kohver
Walizka
auto
Auto

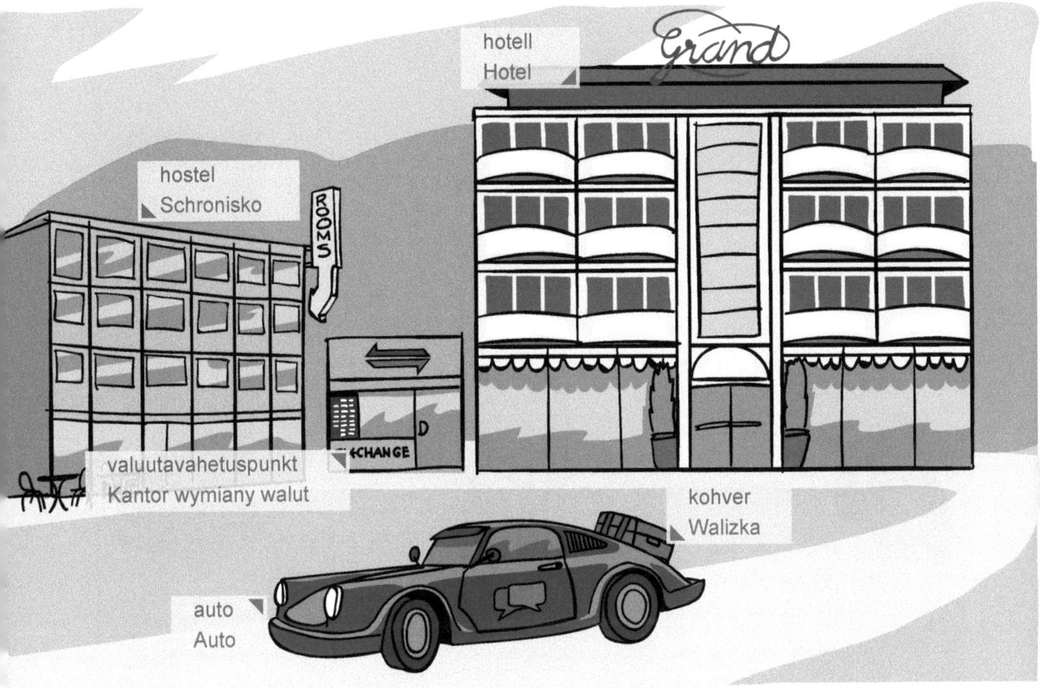

keel

Język

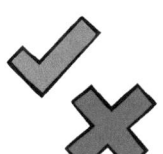

jah / ei

tak / nie

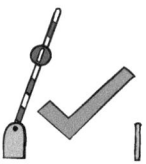

okei

OK

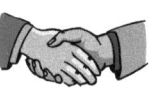

Tere!

Halo

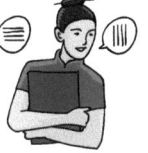

tõlk

Tłumacz

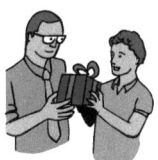

Aitäh!

Dziękuję

Kui palju maksab …?

Ile kosztuje …?

Ma ei saa aru

Nie rozumiem

probleem

Problem

Tere õhtust!

Dobry wieczór!

Tere hommikust!

Dzień dobry!

Head ööd!

Dobranoc!

Head aega!

Do widzenia

suund

Kierunek

pagas

Bagaż

kott

Torba

seljakott

Plecak

külaline

Gość

tuba

Pokój

magamiskott

Śpiwór

telk

Namiot

turismiinfo

Informacja turystyczna

rand

Plaża

krediitkaart

Karta kredytowa

hommikusöök

Śniadanie

lõunasöök

Obiad

õhtusöök

Kolacja

pilet

Bilet

lift

Winda

postmark

Znaczek na list

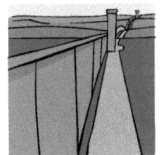

riigipiir

Granica

toll

Cło

saatkond

Ambasada

viisa

Wiza

pass

Paszport

transport

Transport

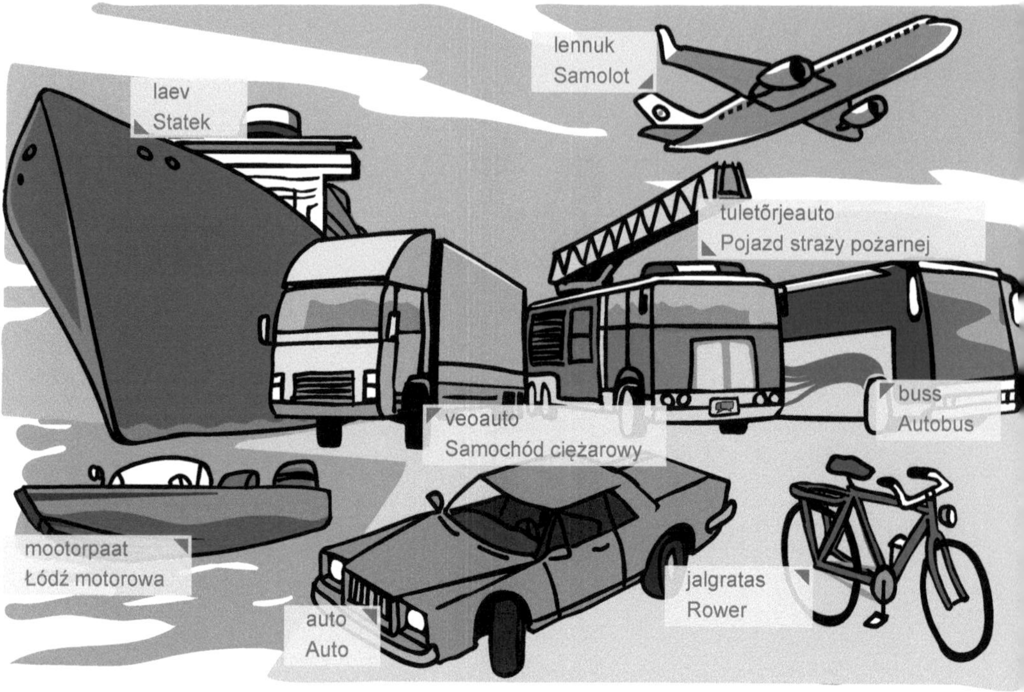

laev
Statek
lennuk
Samolot
tuletõrjeauto
Pojazd straży pożarnej
veoauto
Samochód ciężarowy
buss
Autobus
mootorpaat
Łódź motorowa
auto
Auto
jalgratas
Rower

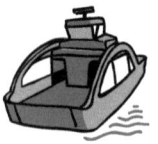

praam

Prom

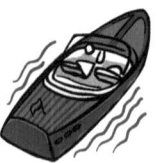

paat

Łódź

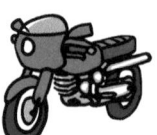

mootorratas

Motocykl

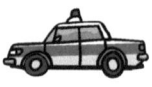

politseiauto

Radiowóz policyjny

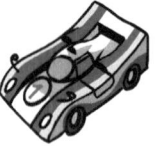

võidusõiduauto

Samochód wyścigowy

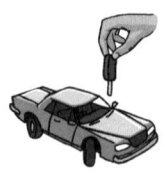

rendiauto

Samochód wypożyczony

ühisauto

Wspólne przejazdy
samochodem

puksiirauto

Samochód pomocy
drogowej

prügiauto

Śmieciarka

mootor

Silnik

kütus

Benzyna

tankla

Stacja benzynowa

liiklusmärk

Znak drogowy

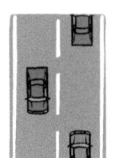

liiklus

Ruch

liiklusummik

Korek

parkla

Parking

raudteejaam

Dworzec

rööpad

Szyny

rong

Pociąg

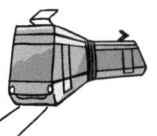

tramm

Tramwaj

vagun

Wagon

helikopter
Helikopter

lennujaam
Lotnisko

torn
Wieża

reisija
Pasażer

konteiner
Kontener

pappkast
Karton

käru
Taczka

korv
Kosz

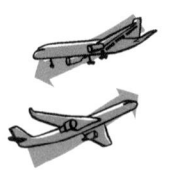

õhku tõusma / maanduma
startować / lądować

linn

Miasto

küla
Wieś

kesklinn
Centrum miasta

maja
Dom

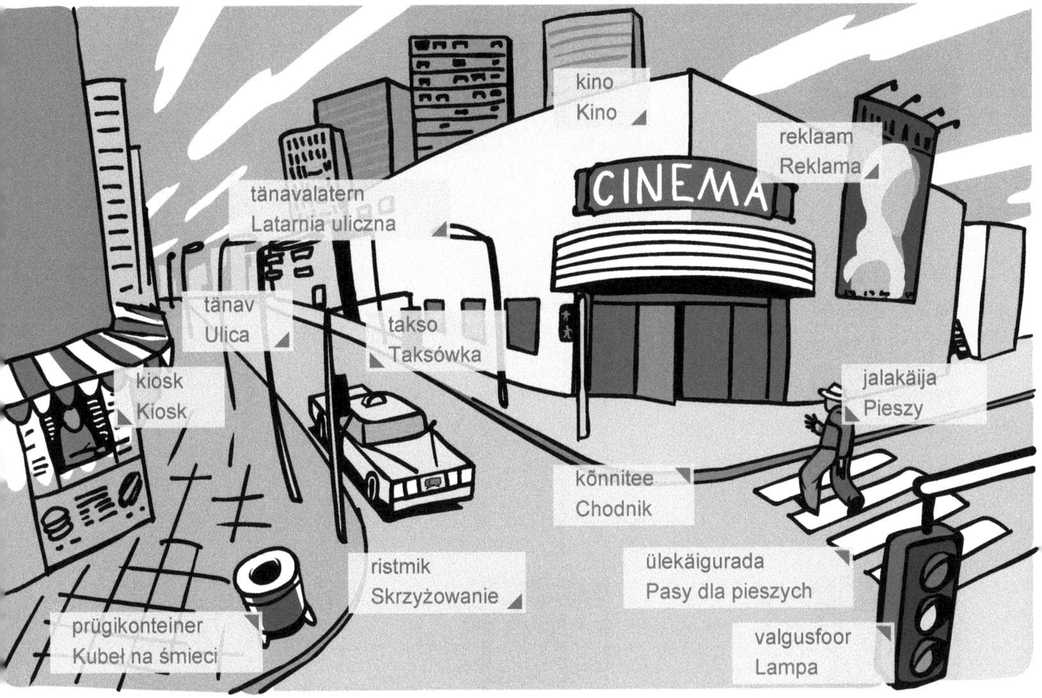

kino
Kino

reklaam
Reklama

tänavalatern
Latarnia uliczna

CINEMA

tänav
Ulica

takso
Taksówka

jalakäija
Pieszy

kiosk
Kiosk

könnitee
Chodnik

prügikonteiner
Kubeł na śmieci

ristmik
Skrzyżowanie

ülekäigurada
Pasy dla pieszych

valgusfoor
Lampa

osmik

Chata

kortermaja

Mieszkanie

raudteejaam

Dworzec

raekoda

Ratusz

muuseum

Muzeum

kool

Szkoła

ülikool

Uniwersytet

pank

Bank

haigla

Szpital

hotell

Hotel

apteek

Apteka

kontor

Biuro

raamatupood

Księgarnia

kauplus

Sklep

lillepood

Kwiaciarnia

supermarket

Supermarket

turg

Rynek

kaubamaja

Dom towarowy

kalapood

Sklep z rybami

kaubanduskeskus

Centrum handlowe

sadam

Port

park
Park

pink
Ławka

sild
Most

trepp
Schody

metroo
Metro

tunnel
Tunel

bussipeatus
Przystanek autobusowy

baar
Bar

restoran
Restauracja

postkast
Skrzynka na listy

tänavasilt
Tabliczka z nazwą ulicy

parkimisautomaat
Parkometr

loomaaed
Zoo

ujula
Łaźnia

mošee
Meczet

talu

Gospodarstwo chłopskie

reostus

Zanieczyszczenie środowiska

surnuaed

Cmentarz

kirik

Kościół

mänguväljak

Plac zabaw

tempel

Świątynia

maastik

Krajobraz

leht
Liść

teeviit
Drogowskaz

tee
Droga

aas
Łąka

kivi
Kamień

puu
Drzewo

matkaja
Wędrowiec

jõgi
Rzeka

rohi
Trawa

lill
Kwiat

org
Dolina

mägi
Góra

järv
Jezioro

mets
Las

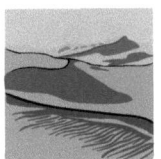

kõrb
Pustynia

vulkaan
Wulkan

linnus
Zamek

vikerkaar
Tęcza

seen
Grzyb

palm
Palma

sääsk
Komar

kärbes
Mucha

sipelgas
Mrówka

mesilane
Pszczoła

ämblik
Pająk

mardikas

Chrząszcz

konn

Żaba

orav

Wiewiórka

siil

Jeż

jänes

Zając

öökull

Sowa

lind

Ptak

luik

Łabędź

metssiga

Dzik

hirv

Jeleń

põder

Łoś

pais

Tama

tuuleturbiin

Wiatrak

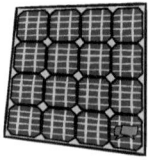

päikesepaneel

Moduł solarny

kliima

Klimat

restoran
Restauracja

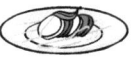

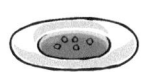

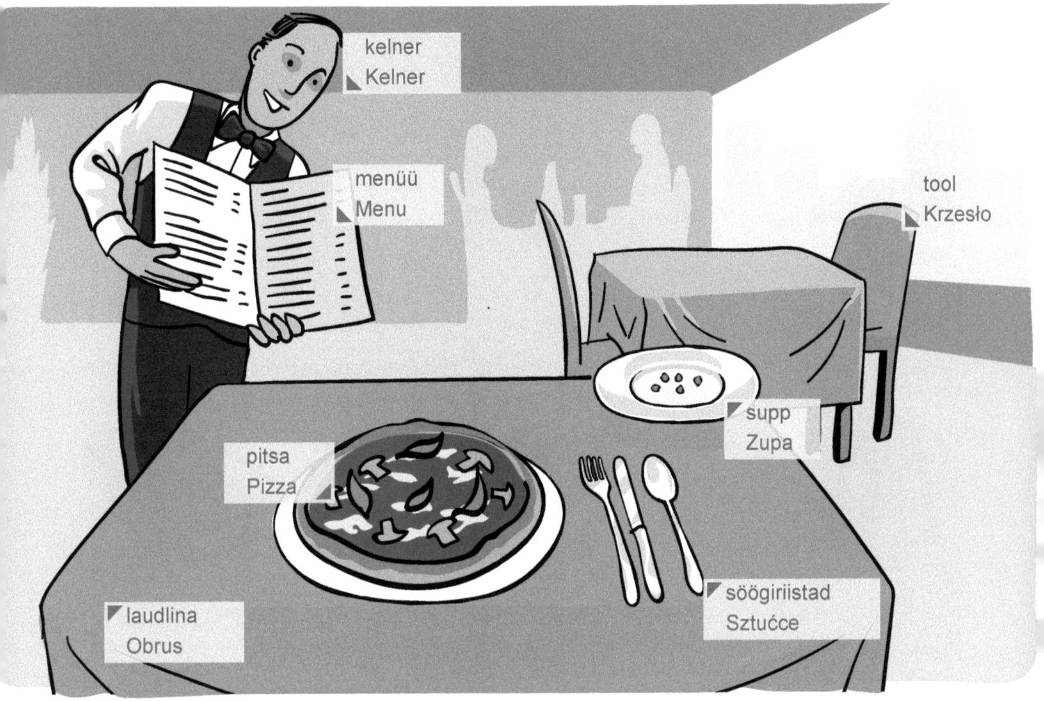
kelner
Kelner
menüü
Menu
tool
Krzesło
supp
Zupa
pitsa
Pizza
söögiriistad
Sztućce
laudlina
Obrus

eelroog

Przystawka

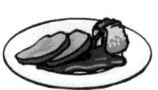

pearoog

Danie główne

magustoit

Deser

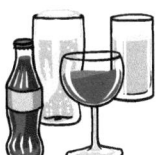

joogid

Napoje

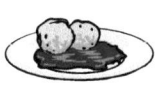

toit

Jedzenie

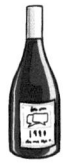

pudel

Butelka

kiirtoit

Fastfood

tänavatoit

Streetfood

teekann

Dzbanek na herbatę

suhkrutoos

Cukierniczka

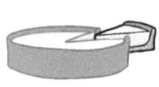

portsjon

Porcja

espressomasin

Zaparzarka do espresso

lastetool

Krzesło dla dziecka

arve

Rachunek

kandik

Taca

nuga

Noż

kahvel

Widelec

lusikas

Łyżka

teelusikas

Łyżeczka

salvrätik

Serwetka

klaas

Szklanka

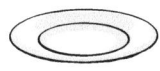

taldrik
Talerz

supitaldrik
Talerz do zupy

alustass
Podstawek pod filiżankę

kaste
Sos

soolatoos
Solniczka

pipraveski
Młynek do pieprzu

äädikas
Ocet

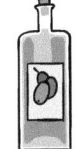

õli
Olej

vürtsid
Przyprawy

ketšup
Keczup

sinep
Musztarda

majonees
Majonez

supermarket
Supermarket

eripakkumine
Oferta
klient
Klient
piimatooted
Produkty mleczne
puuviljad
Owoce
ostukäru
Wózek sklepowy
FOR

BUTCHERS

lihapood
Rzeźnia

BAKERY

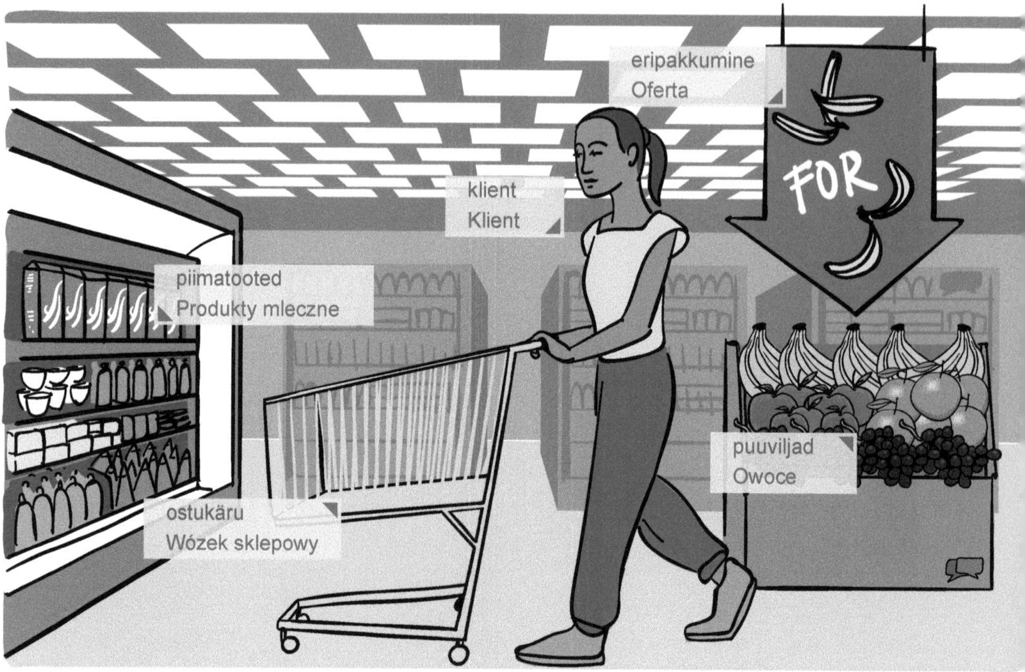

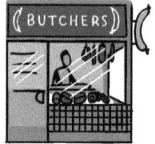

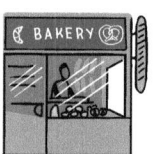

pagariäri
Piekarnia

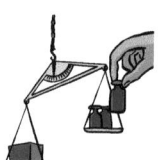

kaaluma
ważyć

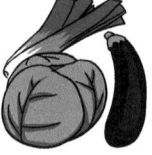

köögiviljad
Warzywa

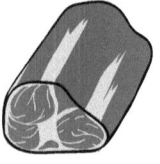

liha
Mięso

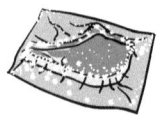

külmutatud toit
Mrożonki

lihalõigud

Wędliny

konservid

Konserwy

pesupulber

Proszek m do prania

maiustused

Słodycze

majatarbed

Artykuły użytku domowego

puhastustooted

Środek czyszczący

müüja

Sprzedawczyni

kassaaparaat

Kasa

kassapidaja

Kasjer

ostunimekiri

Lista zakupów

lahtiolekuajad

Godziny otwarcia

rahakott

Portfel

krediitkaart

Karta kredytowa

kott

Torba

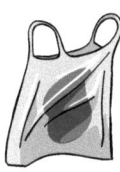

kilekott

Torebka plastikowa

vesi

Woda

mahl

Sok

piim

Mleko

koola

Cola

vein

Wino

õlu

Piwo

alkohol

Alkohol

kakao

Kakao

tee

Herbata

kohv

Kawa

espresso

Espresso

cappuccino

Cappuccino

banaan

Banan

õun

Jabłko

apelsin

Pomarańcza

arbuus

Arbuz

sidrun

Cytryna

porgand

Marchew

küüslauk

Czosnek

bambus

Bambus

sibul

Cebula

seen

Grzyb

pähklid

Orzechy

nuudlid

Makaron

spagetid

Spaghetti

riis

Ryż

salat

Sałatka

friikartulid

Frytki

praekartulid

Ziemniaki pieczone

pitsa

Pizza

hamburger

Hamburger

võileib

Kanapka

šnitsel

Sznycel

sink

Szynka

salaami

Salami

vorst

Kiełbasa

kana

Kura

praeliha

Pieczeń

kala

Ryba

kaerahelbed

Płatki owsiane

müsli

Musli

maisihelbed

Płatki kukurydziane

jahu

Mąka

sarvesai

Croissant

kukkel

Bułka

leib

Chleb

röstsai

Toast

küpsised

Ciastka

või

Masło

kohupiim

Twarożek

kook

Ciasto

muna

Jajko

praemuna

Jajko sadzone

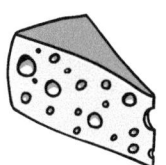

juust

Ser

jäätis

Lody

suhkur

Cukier

mesi

Miód

moos

Marmolada

pähklivõie

Krem nugatowy

karri

. Curry

Gospodarstwo chłopskie

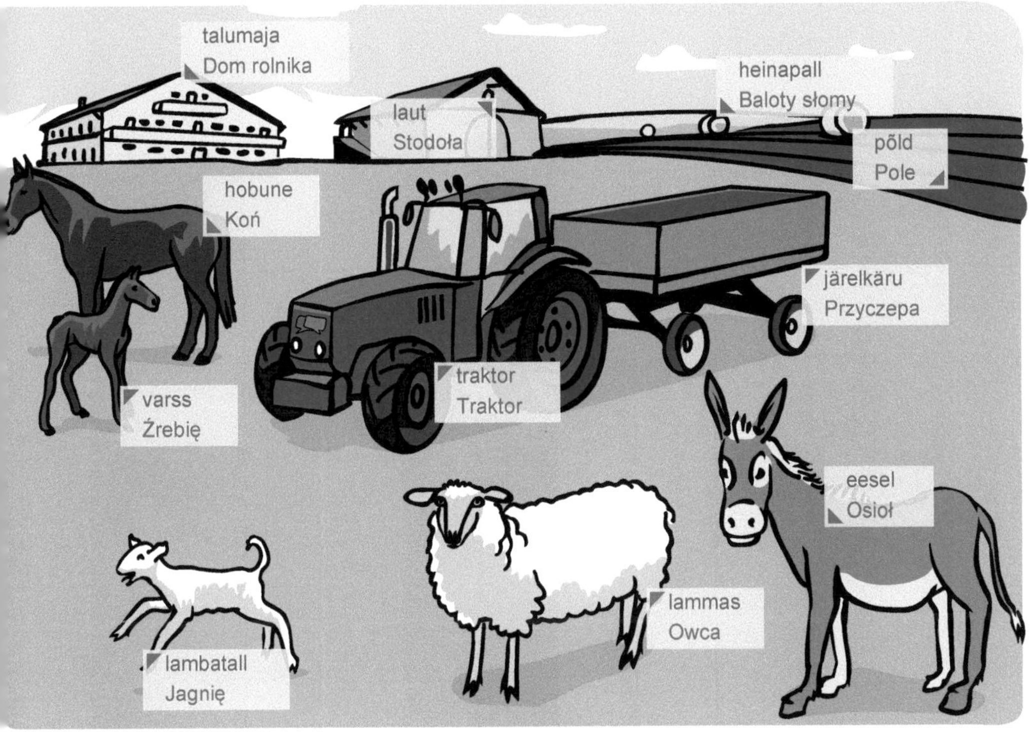

talumaja
Dom rolnika

heinapall
Baloty słomy

laut
Stodoła

põld
Pole

hobune
Koń

järelkäru
Przyczepa

varss
Źrebię

traktor
Traktor

eesel
Osioł

lammas
Owca

lambatall
Jagnię

kits

Koza

lehm

Krowa

vasikas

Cielę

siga

Świnia

põrsas

Prosię

pull

Byk

hani

Gęś

part

Kaczka

tibu

Kurczątko

kana

Kura

kukk

Kogut

rott

Szczur

kass

Kot

hiir

Mysz

härg

Osioł

koer

Pies

koerakuut

Buda dla psa

aiavoolik

Wąż ogrodowy

kastekann

Konewka

vikat

Kosa

ader

Pług

sirp

Sierp

kõblas

Graca

hang

Widły

kirves

Siekiera

käru

Taczka

küna

Koryto

piimanõu

Kanka na mleko

kott

Worek

tara

Płot

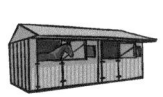

tall

Stajnia

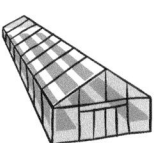

kasvuhoone

Szklarnia

muld

Ziemia

seeme

Nasiona

väetis

Nawóz

kombain

Kombajn zbożowy

saaki koristama

zbierać

saagikoristus

Żniwa

jamss

Podchrzyn

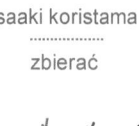

nisu

Pszenica

soja

Soja

kartul

Ziemniak

mais

Kukurydza

raps

Rzepak

viljapuu

Drzewo owocowe

maniokk

Maniok

teravili

Zboże

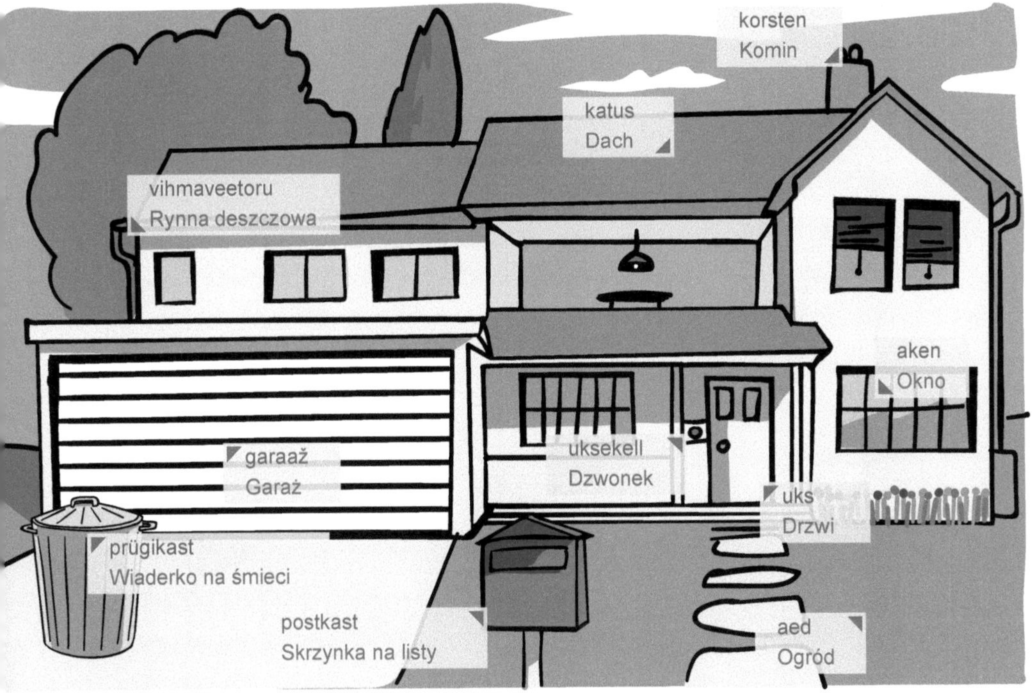

korsten
Komin

katus
Dach

vihmaveetoru
Rynna deszczowa

aken
Okno

garaaž
Garaż

uksekell
Dzwonek

uks
Drzwi

prügikast
Wiaderko na śmieci

postkast
Skrzynka na listy

aed
Ogród

elutuba

Pokój dzienny

vannituba

Łazienka

köök

Kuchnia

magamistuba

Sypialnia

lastetuba

Pokój dziecięcy

söögituba

Jadalnia

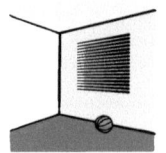

põrand

Ziemia

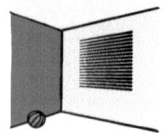

sein

Ściana

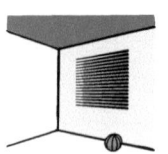

lagi

Koc

kelder

Piwnica

saun

Sauna

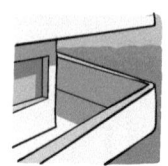

rõdu

Balkon

terrass

Taras

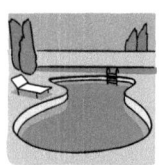

bassein

Basen

muruniiduk

Kosiarka do trawy

voodilina

Poszwa

päevatekk

Kołdra

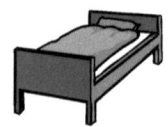

voodi

Łóżko

luud

Miotła

ämber

Wiadro

lüliti

Włącznik

elutuba
Pokój dzienny

tapeet
Tapeta
pilt
Obraz
lamp
Lampa
riiul
Regał
kapp
Szafa
televiisor
Telewizor
kamin
Komin
lill
Kwiat
padi
Poduszka
diivan
Kanapa
vaas
Wazon
kaugjuhtimispult
Pilot

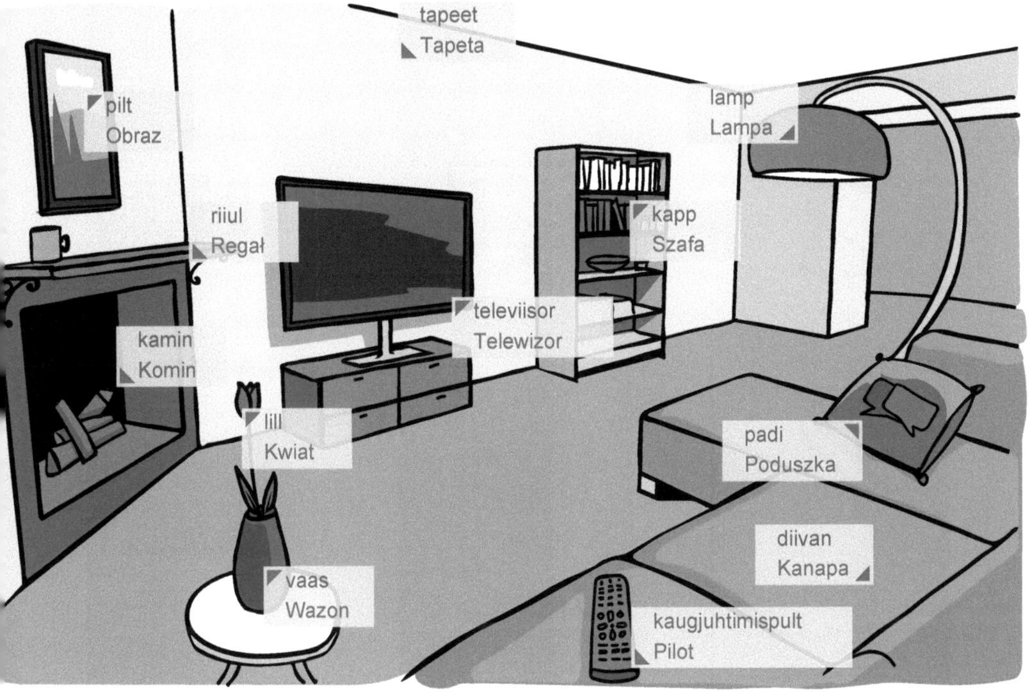

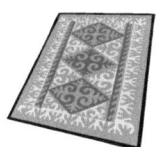

vaip

Dywan

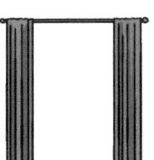

kardin

Zasłona

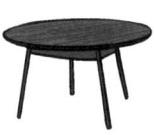

laud

Stół

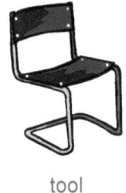

tool

Krzesło

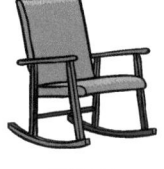

kiiktool

Bujak

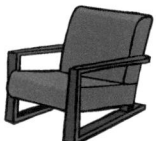

tugitool

Fotel

raamat

Książka

tekk

Sufit

kaunistus

Dekoracja

küttepuud

Drewno kominkowe

film

Film

helisüsteem

Instalacja stereo

võti

Klucz

ajaleht

Gazeta

maal

Malunek

plakat

Plakat

raadio

Radio

märkmik

Notatnik

tolmuimeja

Odkurzacz

kaktus

Kaktus

küünal

Świeczka

köök
Kuchnia

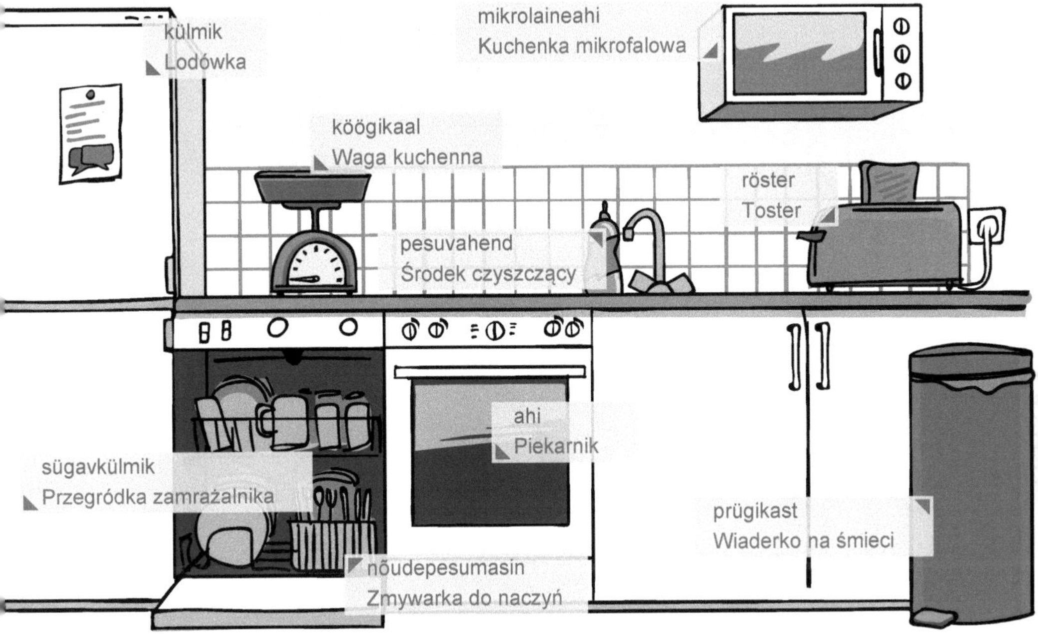

külmik
Lodówka
mikrolaineahi
Kuchenka mikrofalowa
köögikaal
Waga kuchenna
röster
Toster
pesuvahend
Środek czyszczący
ahi
Piekarnik
sügavkülmik
Przegródka zamrażalnika
prügikast
Wiaderko na śmieci
nõudepesumasin
Zmywarka do naczyń

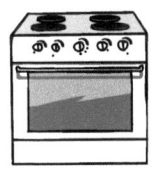

pliit
Kuchenka

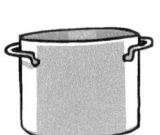

pott
Garnek

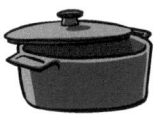

malmpott
Kocioł żeliwny

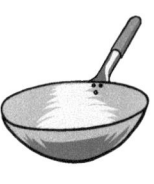

vokkpann
Wok / Kadai

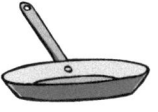

pann
Patelnia

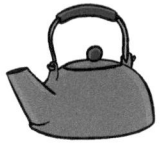

veekeetja
Czajnik

aurutaja

Parowar

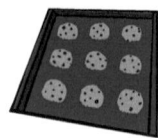

küpsetusplaat

Blacha do pieczenia

lauanõud

Naczynia kuchenne

kruus

Kubek

kauss

Miska

söögipulgad

Pałeczki

kulp

Nabierka

pannilabidas

Łopatka do smażenia

vispel

Trzepaczka do śmietany

kurn

Cedzak

sõel

Sitko

riiv

Tarka

uhmer

Moździerz

grill

Grillowanie

lahtine tuli

Palenisko

lõikelaud

Deska

tainarull

Wałek do ciasta

korgitser

Korkociąg

konservipurk

Puszka

konserviavaja

Otwieracz do puszek

pajakinnas

Ściereczka do trzymania garnka

kraanikauss

Umywalka

hari

Szczotka

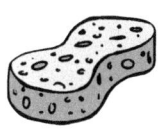

pesukäsn

Gąbka

kannmikser

Mikser

sügavkülmuti

Zamrażarka

lutipudel

Butelka dla niemowlęcia

segisti

Kran

vannituba
Łazienka

küte
Ogrzewanie
käterätik
Ręcznik
dušš
Prysznic
dušikardin
Kotara prysznicowa
mullivann
Płyn do kąpieli
vann
Wanna kąpielowa
klaas
Szklanka
pesumasin
Pralka
segisti
Kran
plaadid
Kafelki
pissipott
Nocnik
kraanikauss
Umywalka

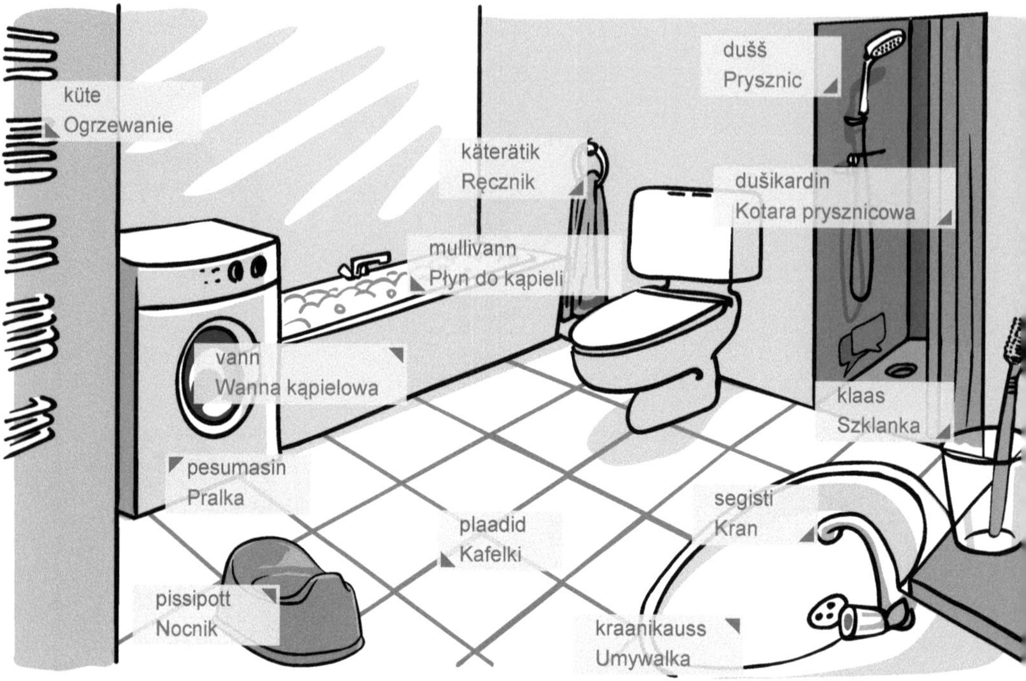

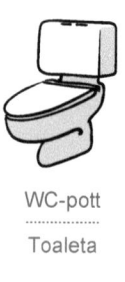

WC-pott
Toaleta

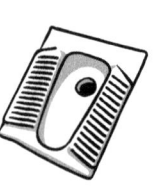

kükitamistualett
Toaleta kuczna

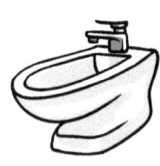

bidee
Bidet

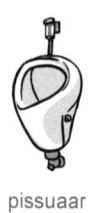

pissuaar
Pisuar

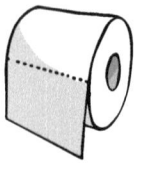

tualettpaber
Papier toaletowy

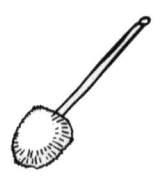

WC-hari
Szczotka toaletowa

hambahari

Szczoteczka do zębów

hambapasta

Pasta do zębów

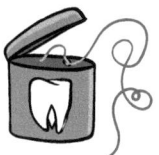

hambaniit

Nitki do czyszczenia zębów

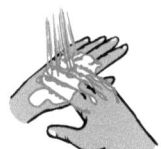

pesema

myć

käsidušš

Głowica prysznicowa

intiimdušš

Płyn kąpielowy do higieny intymnej

pesukauss

Miska do mycia

seljahari

Szczotka kąpielowa

seep

Mydło

dušigeel

Żel prysznicowy

šampoon

Szampon

vamm

Rękawica kąpielowa

äravool

Odpływ

kreem

Krem

deodorant

Dezodorant

peegel
Lustro

käsipeegel
Lustro kosmetyczne

habemenuga
Golarka

raseerimisvaht
Pianka do golenia

habemevesi
Woda po goleniu

kamm
Grzebień

hari
Szczotka

föön
Suszarka do włosów

juukselakk
Spray do włosów

meigikomplekt
Makijaż

huulepulk
Pomadka

küünelakk
Lakier do paznokci

vatt
Wata

küünekäärid
Nożyczki do paznokci

parfüüm
Perfum

tualett-tarvete kott

Kosmetyczka

taburet

Taboret

kaal

Waga

hommikumantel

Szlafrok kąpielowy

kummikindad

Rękawice gumowe

tampoon

Tampon

hügieeniside

Podpaska damska

keemiline tualett

Toaleta chemiczna

lastetuba
Pokój dziecięcy

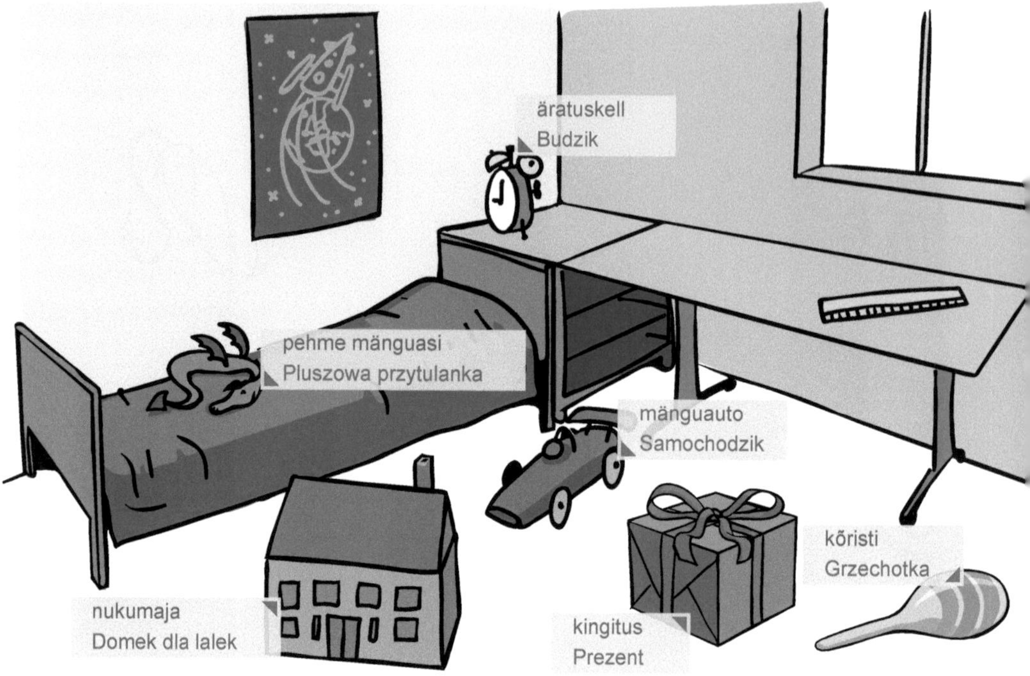
äratuskell
Budzik
pehme mänguasi
Pluszowa przytulanka
mänguauto
Samochodzik
kõristi
Grzechotka
nukumaja
Domek dla lalek
kingitus
Prezent

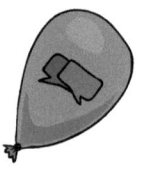

õhupall
Balon

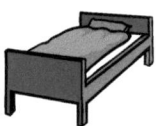

voodi
Łóżko

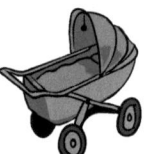

lapsevanker
Wózek dziecięcy

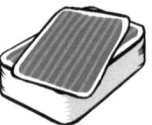

kaardipakk
Gra w karty

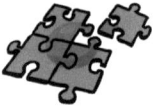

pusle
Puzzle

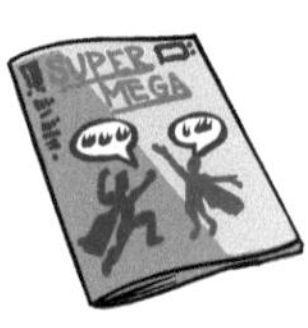

koomiks
Komiks

Lego klotsid

Klocki lego

klotsid

Klocki

kujuke

Action figura

siputuspüksid

Śpioszek dziecięcy

lendav taldrik

Frisbee

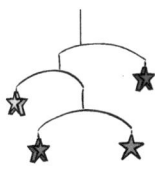

voodikarussell

Zabawki ruchome

lauamäng

Gra planszowa

täringud

Kości

mudelrong

Kolejka elektryczna

lutt

Smoczek

pidu

Przyjęcie

pildiraamat

Książka z ilustracjami

pall

Piłka

nukk

Lalka

mängima

bawić się

liivakast

Piaskownica

kiik

Huśtawka

mänguasjad

Zabawki

mängukonsool

Konsola do gier

kolmerattaline jalgratas

Rowerek trójkołowy

mängukaru

Pluszowy miś

riidekapp

Szafa ubraniowa

riietus

Ubiór

sokid

Skarpety

sukad

Pończochy

sukkpüksid

Rajstopy

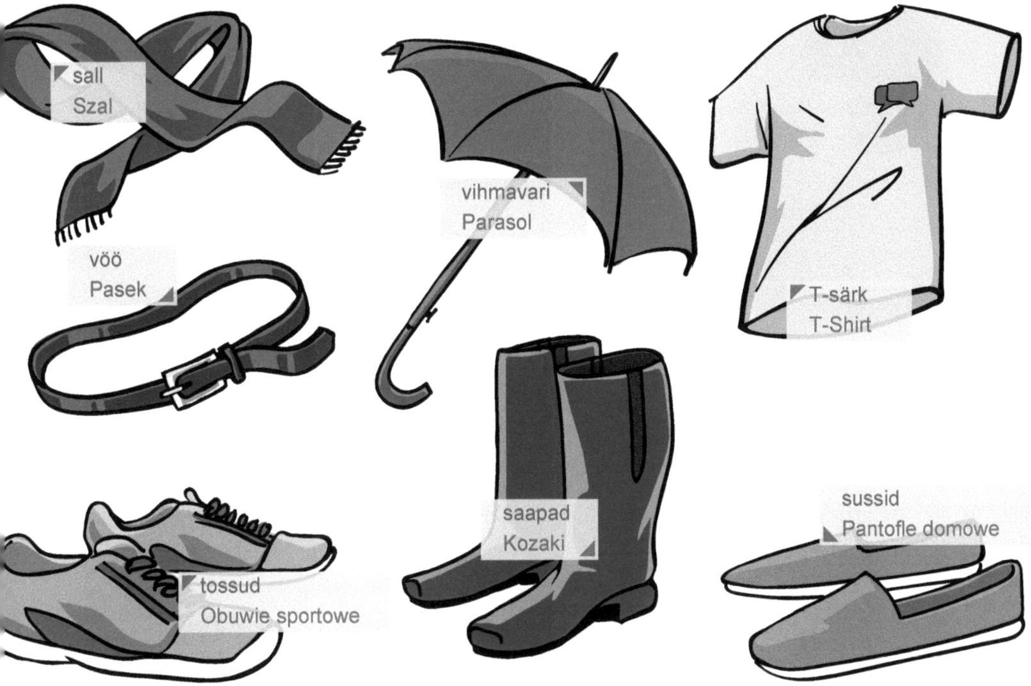

sall
Szal

vihmavari
Parasol

T-särk
T-Shirt

vöö
Pasek

saapad
Kozaki

sussid
Pantofle domowe

tossud
Obuwie sportowe

sandaalid
Sandały

jalatsid
Buty

kummikud
Kalosze

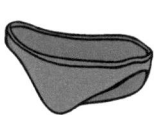

aluspüksid
Majtki

rinnahoidja
Biustonosz

vest
Podkoszulek

bodi

Body

püksid

Spodnie

teksapüksid

Dżins

seelik

Spódnica

pluus

Bluzka

särk

Koszula

sviiter

Pulower

dressipluus

Bluza sportowa

bleiser

Marynarka

jakk

Kurtka

mantel

Płaszcz

vihmamantel

Płaszcz przeciwdeszczowy

kostüüm

Kostium

kleit

Sukienka

pulmakleit

Suknia ślubna

ülikond

Garnitur męski

öösärk

Koszula nocna

pidžaama

Piżama

sari

Sari

pearätt

Chusta na głowę

turban

Turban

burka

Burka

kaftan

Kaftan

abayah

Abaya

ujumistrikoo

Strój kąpielowy

ujumispüksid

Kąpielówki

lühikesed püksid

Krótkie spodnie

dressid

Dres sportowy

põll

Fartuch

kindad

Rękawiczki

nööp
Guzik

prillid
Okulary

käevõru
Bransoletka

kaelakee
Łańcuszek

sõrmus
Pierścionek

kõrvarõngas
Kolczyk

nokamüts
Czapka

riidepuu
Wieszak

kaabu
Kapelusz

lips
Krawat

tõmblukk
Zamek błyskawiczny

kiiver
Kask

traksid
Szelki

koolivorm
Mundurek szkolny

vormirõivad
Mundur

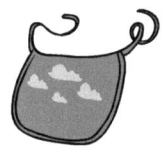

pudipõll

Śliniaczek

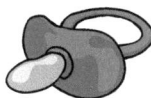

lutt

Smoczek

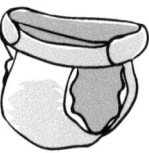

mähe

Pieluszka

kontor

Biuro

server
Serwer
arhiivikapp
Szafa na akta
paber
Papier
printer
Drukarka
monitor
Monitor
hiir
Mysz
kirjutuslaud
Biurko
kaust
Segregator
klaviatuur
Klawiatura
paberikorv
Kosz na odpadki
arvuti
Komputer
tool
Krzesło

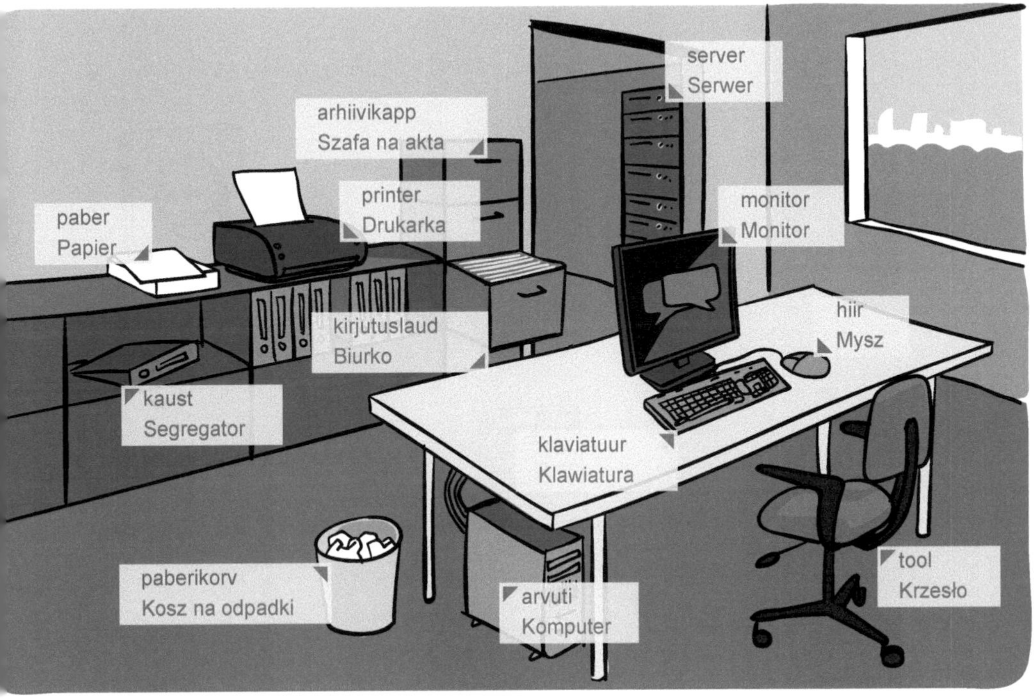

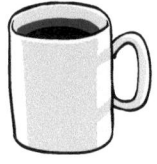

kohvikruus

Filiżanka do kawy

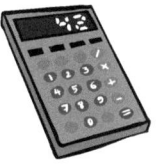

kalkulaator

Kalkulator

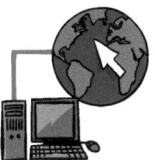

internet

Internet

sülearvuti

Laptop

kiri

List

sõnum

Wiadomość

mobiiltelefon

Komórka

võrk

Sieć

koopiamasin

Kopiarka

tarkvara

Oprogramowanie

telefon

Telefon

pistikupesa

Gniazdko

faksimasin

Faks

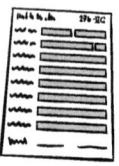

vorm

Formularz

dokument

Dokument

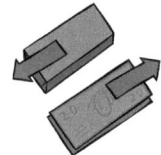

ostma

kupić

maksma

płacić

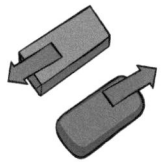

vahetama

postępować

raha

Pieniądze

dollar

Dolar

euro

Euro

jeen

Jen

rubla

Rubel

Šveitsi frank

Frank

renminbi jüaan

Juan Renminbi

ruupia

Rupia

sularahaautomaat

Bankomat

valuutavahetuspunkt

Kantor wymiany walut

kuld

Złoto

hõbe

Srebro

nafta

Olej

energia

Energia

hind

Cena

leping

Umowa

maks

Podatek

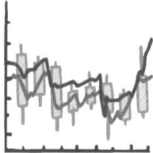

aktsia

Akcja

töötama

pracować

töötaja

Pracownik umysłowy

tööandja

Pracodawca

tehas

Fabryka

kauplus

Sklep

ametid
Zawody

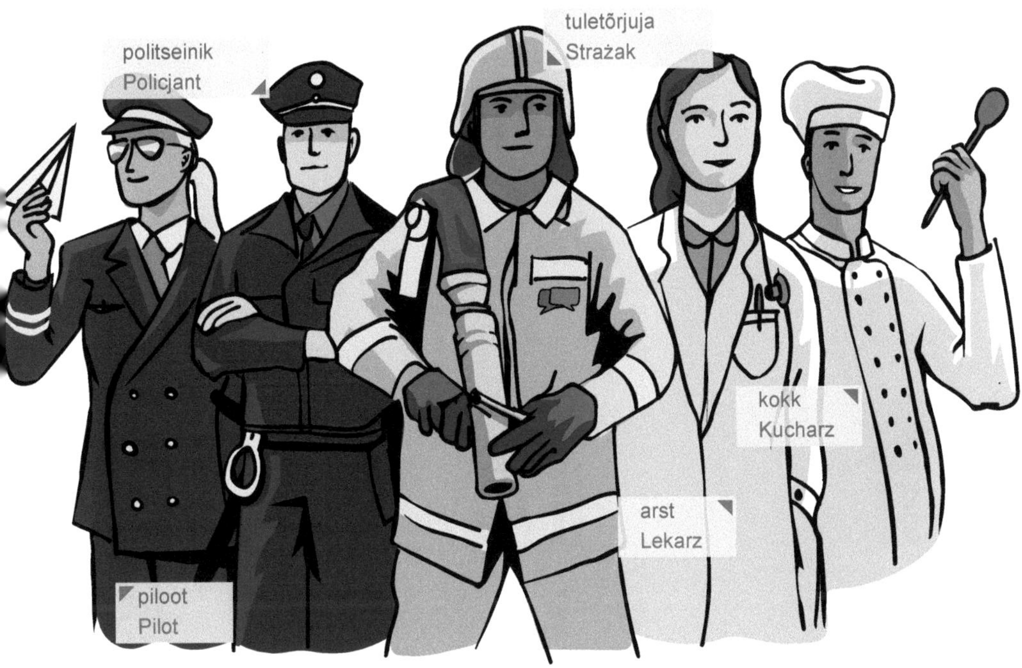
politseinik
Policjant
tuletõrjuja
Strażak
kokk
Kucharz
arst
Lekarz
piloot
Pilot

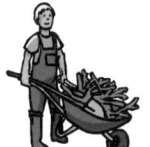

aednik

Ogrodnik

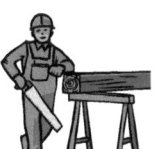

puusepp

Stolarz

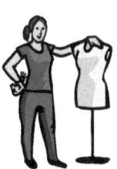

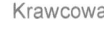

õmbleja

Krawcowa

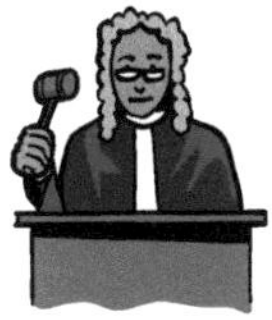

kohtunik

Sędzia

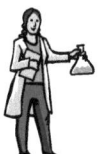

keemik

Chemik

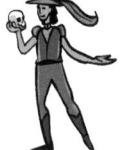

näitleja

Aktor

bussijuht

Kierowca autobusu

taksojuht

Taksówkarz

kalamees

Fischer

koristaja

Sprzątaczka

katusepaigaldaja

Dekarz

kelner

Kelner

jahimees

Myśliwy

maaler

Malarz

pagar

Piekarz

elektrik

Elektryk

ehitaja

Robotnik budowlany

insener

Inżynier

lihunik

Rzeźnik

torumees

Instalator

postiljon

Listonosz

sõdur

Żołnierz

arhitekt

Architekt

kassapidaja

Kasjer

lillemüüja

Florysta

juuksur

Fryzjer

piletikontrolör

Konduktor

mehaanik

Mechanik

kapten

Kapitan

hambaarst

Dentysta

teadlane

Naukowiec

rabi

Rabin

imaam

Imam

munk

Mnich

preester

Proboszcz

tööriistad
Narzędzia

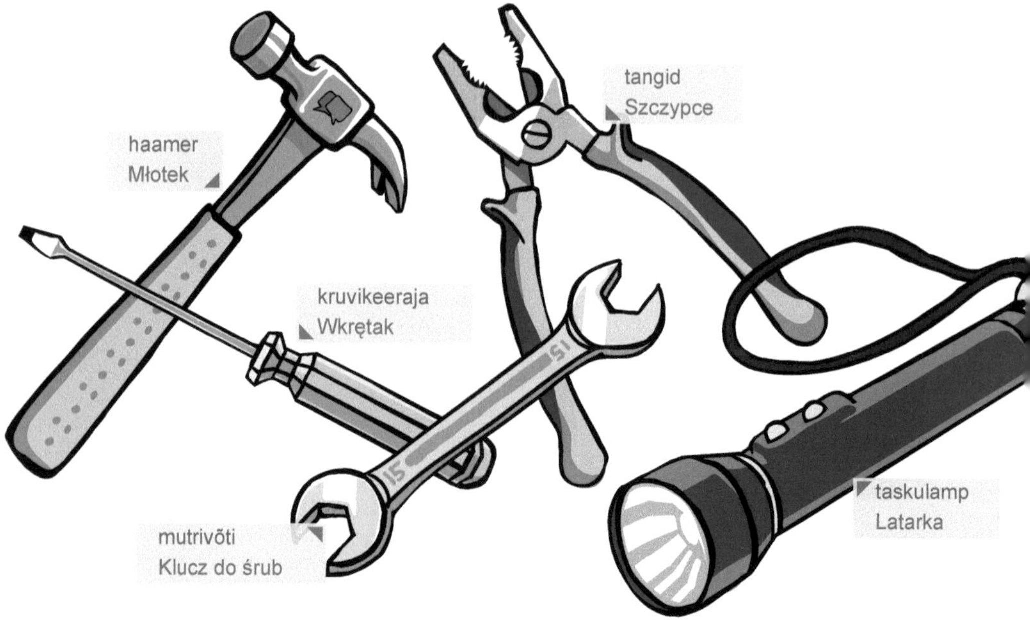
haamer
Młotek
tangid
Szczypce
kruvikeeraja
Wkrętak
mutrivõti
Klucz do śrub
taskulamp
Latarka

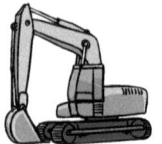

ekskavaator

Koparka

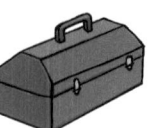

tööriistakast

Skrzynka narzędziowa

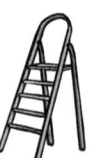

redel

Drabina

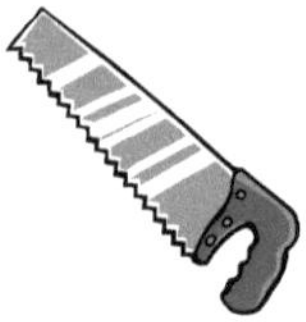

saag

Piła

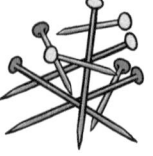

naelad

Gwoździe

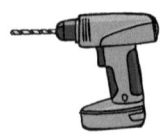

trell

Wiertło

parandama
naprawić

labidas
Łopatka

Põrgusse!
Cholera!

kühvel
Szufelka

värvipott
Puszka z farbą

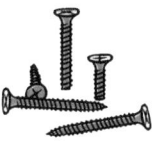

kruvid
Śruby

pillid

Instrumenty muzyczne

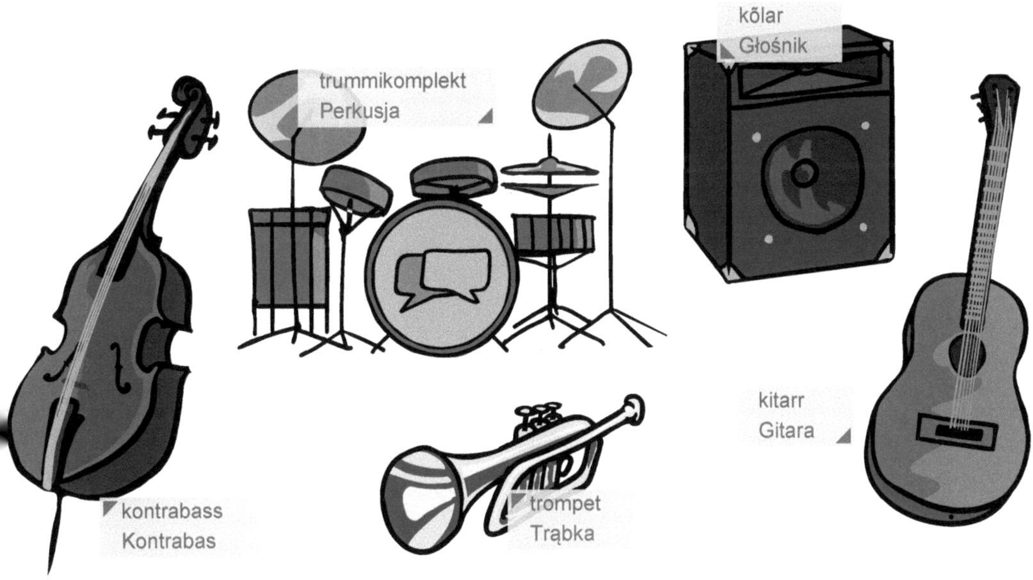

trummikomplekt
Perkusja

kõlar
Głośnik

kontrabass
Kontrabas

kitarr
Gitara

trompet
Trąbka

klaver

Pianino

viiul

Skrzypce

bass

Bas

timpan

Kotły

trummid

Bęben

süntesaator

Keyboard

saksofon

Saksofon

flööt

Flet

mikrofon

Mikrofon

loomaaed
Zoo

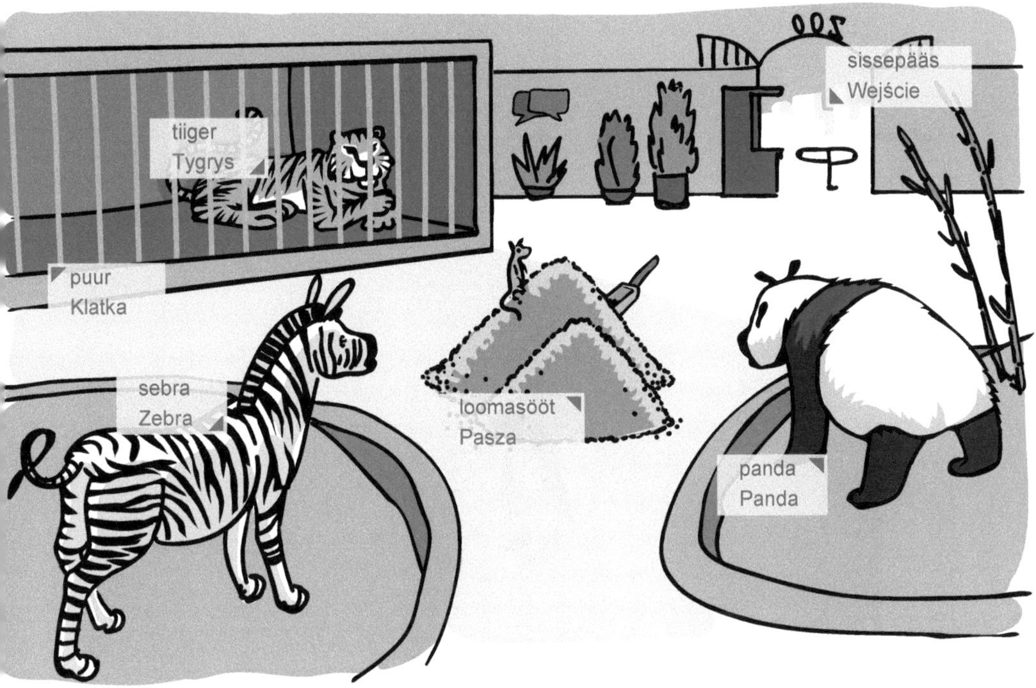

zoo
sissepääs
Wejście
tiiger
Tygrys
puur
Klatka
sebra
Zebra
loomasööt
Pasza
panda
Panda

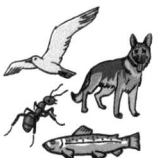

loomad

Zwierzęta

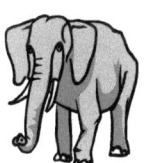

elevant

Słoń

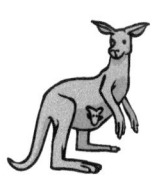

känguru

Kangur

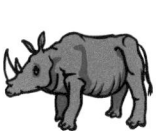

ninasarvik

Nosorożec

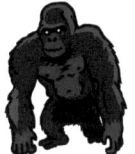

gorilla

Goryl

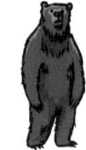

karu

Niedźwiedź

kaamel

Wielbłąd

jaanalind

Struś

lõvi

Lew

ahv

Małpa

flamingo

Fleming

papagoi

Papuga

jääkaru

Niedźwiedź polarny

pingviin

Pingwin

hai

Rekin

paabulind

Paw

madu

Wąż

krokodill

Krokodyl

loomaaiatalitaja

Dozorca w zoo

hüljes

Foka

jaaguar

Jaguar

poni

Kucyk

leopard

Gepard

jõehobu

Hipopotam

kaelkirjak

Żyrafa

kotkas

Orzeł

metssiga

Dzik

kala

Ryba

kilpkonn

Żółw

morsk

Mors

rebane

Lis

gasell

Gazela

Ameerika jalgpall
Futbol amerykański

jalgrattasõit
Kolarstwo

tennis
Tenis

korvpall
Koszykówka

ujumine
Pływanie

poksimine
Boks

jäähoki
Hokej na lodzie

jalgpall
Piłka nożna

sulgpall
Badminton

kergejõustik
Lekka atletyka

käsipall
Piłka ręczna

suusatamine
Narciarstwo

polo
Polo

tegevused
Działania

naerma
śmiać się
hüppama
skakać
kallistama
objąć
jalutama
iść
laulma
śpiewać
unistama
marzyć
palvetama
modlić się
suudlema
całować

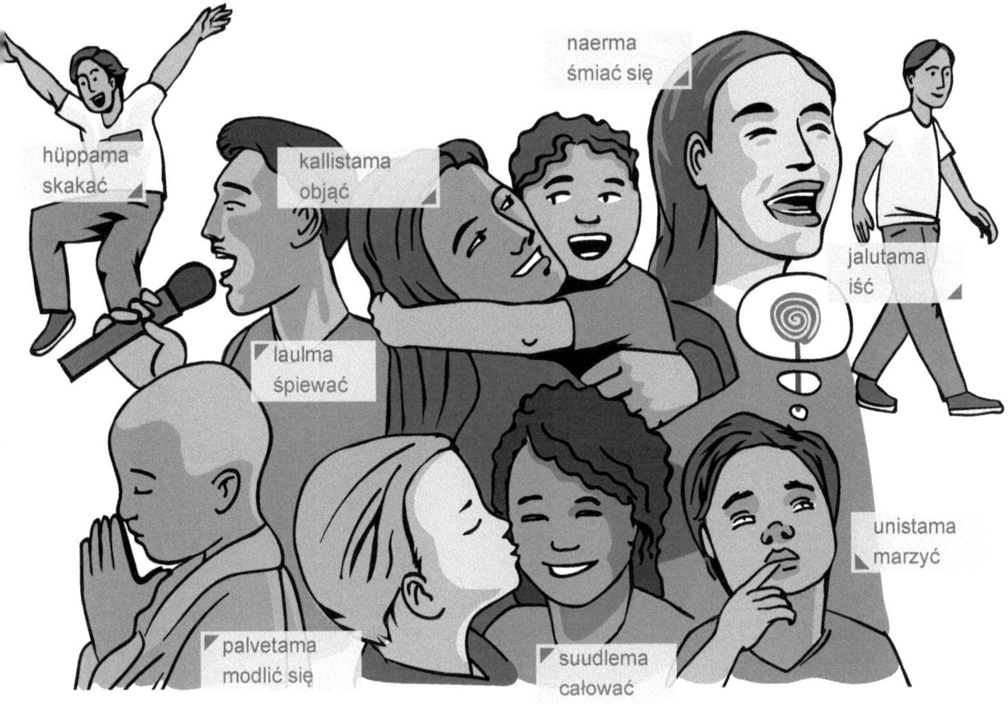

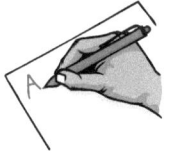

kirjutama
....
pisać

joonistama
....
rysować

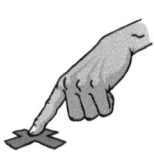

näitama
....
pokazywać

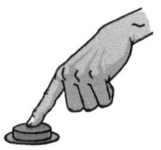

lükkama
....
nacisnąć

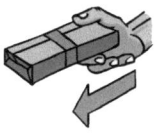

andma
....
dać

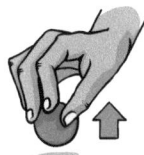

võtma
....
wziąć

omama

mieć

tegema

robić

olema

być

seisma

stać

jooksma

biegać

tõmbama

ciągnąć

viskama

rzucać

kukkuma

spaść

lamama

leżeć

ootama

czekać

kandma

nosić

istuma

siedzieć

riidesse panema

zakładać

magama

spać

ärkama

budzić się

vaatama

spojrzeć

nutma

płakać

paitama

głaskać

kammima

czesać się

rääkima

mówić

aru saama

rozumieć

küsima

pytać

kuulama

słyszeć

jooma

pić

sööma

jeść

korrastama

sprzątać

armastama

kochać

süüa tegema

gotować

sõitma

jechać

lendama

latać

purjetama

żeglować

arvutama

liczyć

lugema

czytać

õppima

uczyć się

töötama

pracować

abielluma

wejść w związek małżeński

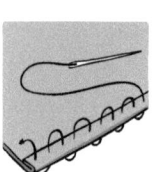

õmblema

szyć

hambaid pesema

myć zęby

tapma

zabić

suitsetama

palić tytoń

saatma

wysłać

vanaema
Babcia

vanaisa
Dziadek

isa
Ojciec

ema
Matka

imik
Niemowlę

tütar
Córka

poeg
Syn

külaline

Gość

tädi

Ciotka

onu

Wujek

vend

Brat

õde

Siostra

keha

Ciało

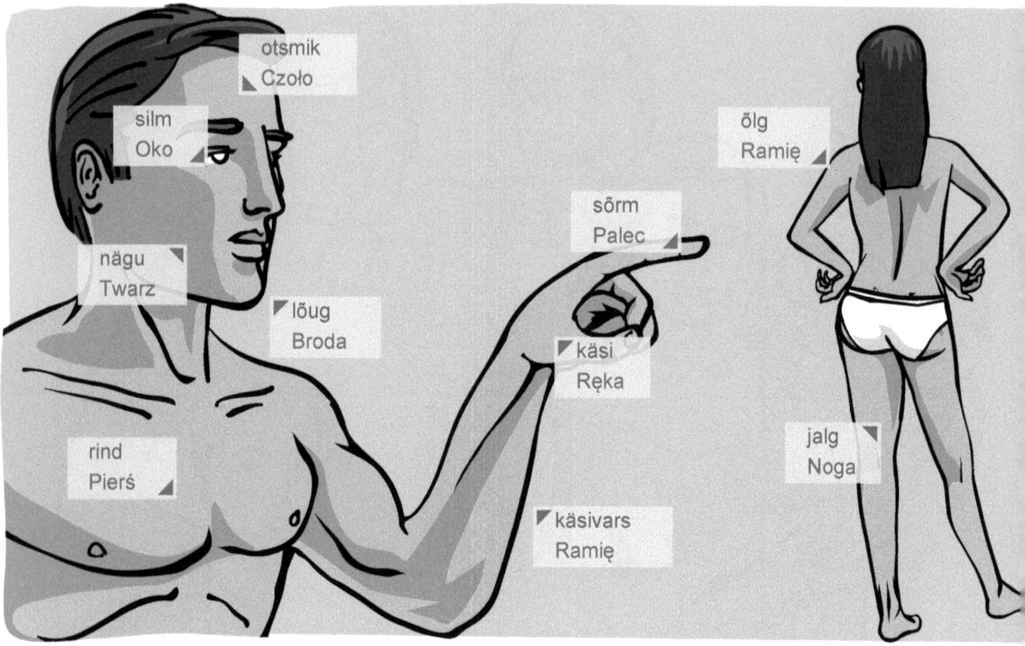

otsmik
Czoło
silm
Oko
nägu
Twarz
lõug
Broda
sõrm
Palec
käsi
Ręka
rind
Pierś
käsivars
Ramię
õlg
Ramię
jalg
Noga

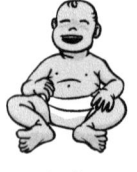

imik

Niemowlę

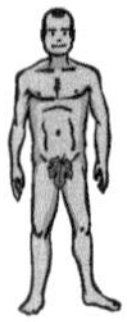

mees

Mężczyzna

naine

Kobieta

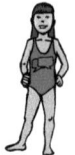

tüdruk

Dziewczyna

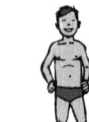

poiss

Chłopiec

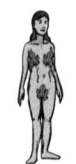

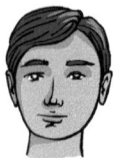

pea

Głowa

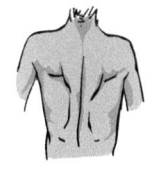

selg

Plecy

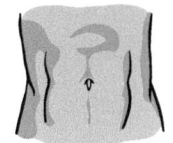

kõht

Brzuch

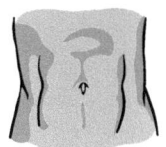

naba

Pępek

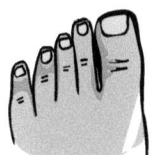

varvas

palec nogi

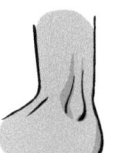

kand

Pięta

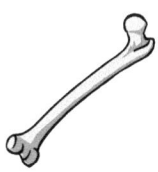

luu

Kość

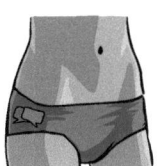

puus

Biodro

põlv

Kolano

küünarnukk

Łokieć

nina

Nos

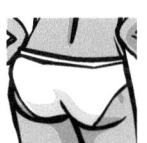

tagumik

Pośladki

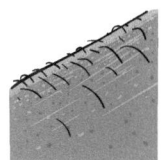

nahk

Skóra

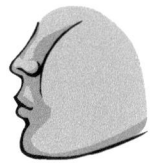

põsk

Policzek

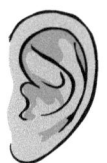

kõrv

Uszy

huuled

Warga

suu

Usta

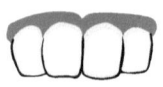

hammas

Ząb

keel

Język

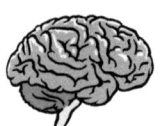

aju

Mózg

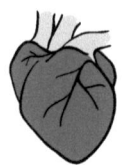

süda

Serce

lihas

Mięsień

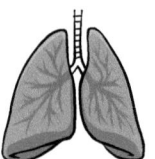

kops

Płuca

maks

Wątroba

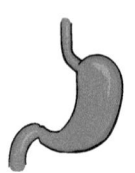

magu

Żołądek

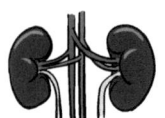

neerud

Nerki

seksuaalvahekord

Stosunek płciowy

kondoom

Kondom

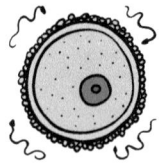

munarakk

Komórka jajowa

sperma

Sperma

rasedus

Ciąża

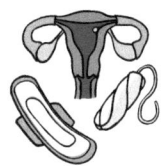

menstruatsioon

Menstruacja

vagiina

Wagina

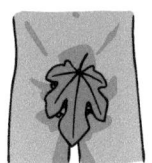

peenis

Penis

kulm

Brew

juuksed

Włosy

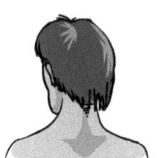

kael

Szyja

haigla
Szpital

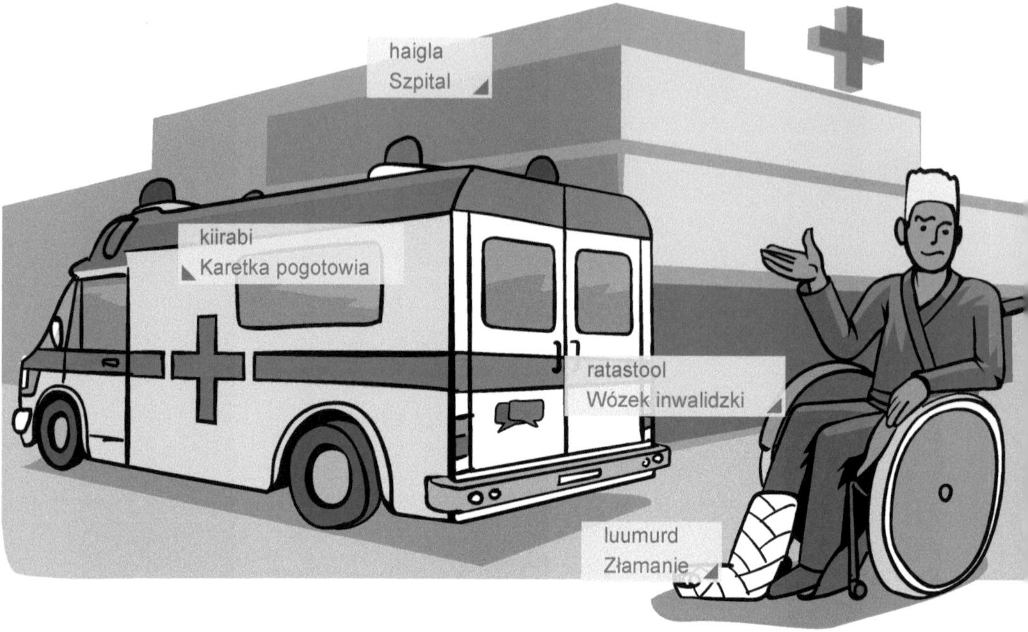

haigla
Szpital
kiirabi
Karetka pogotowia
ratastool
Wózek inwalidzki
luumurd
Złamanie

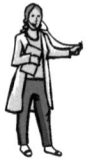

arst
Lekarz

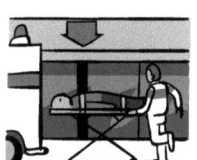

traumapunkt
Izba przyjęć

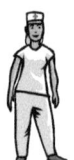

meditsiiniõde
Pielęgniarka

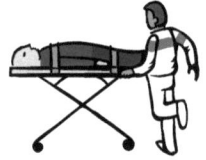

hädaolukord
Nagły przypadek

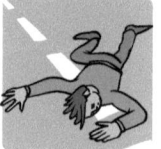

teadvuseta
nieprzytomny

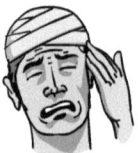

valu
Ból

vigastus

Skaleczenie

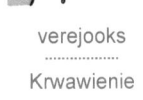

verejooks

Krwawienie

südamerabandus

Zawał serca

insult

Udar mózgu

allergia

Alergia

köha

Kaszleć

palavik

Gorączka

gripp

Grypa

kõhulahtisus

Biegunka

peavalu

Ból głowy

vähk

Rak

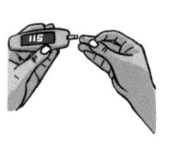

diabeet

Cukrzyca

kirurg

Chirurg

skalpell

Skalpel

operatsioon

Operacja

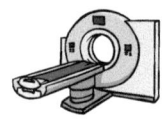

KT
....
CT

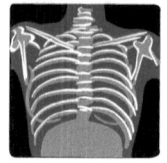

röntgen
....
Rentgen

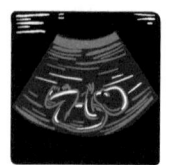

ultraheli
....
Ultradźwięki

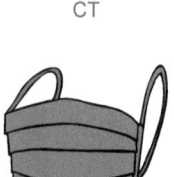

mask
....
Maska

haigus
....
Choroba

ooteruum
....
Poczekalnia

kark
....
Kula

kips
....
Plaster

side
....
Opatrunek

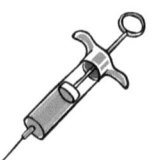

süst
....
Iniekcja

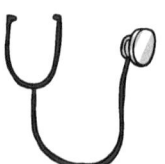

stetoskoop
....
Stetoskop

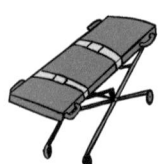

kanderaam
....
Nosze

kraadiklaas
....
Termometr

sünd
....
Poród

ülekaaluline
....
Nadwaga

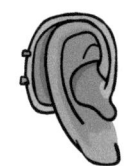

kuuldeaparaat

Aparat słuchowy

desinfektsioonivahend

Środek dezynfekcyjny

põletik

Infekcja

viirus

Wirus

HIV / AIDS

HIV / AIDS

meditsiin

Medycyna

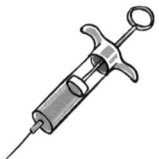

vaktsineerimine

Szczepienie

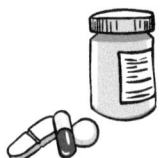

tabletid

Tabletki

pill

Pigułka

hädaabikõne

Telefon ratunkowy

vererõhuaparaat

Ciśnieniomierz krwi

haige / terve

chory / zdrowy

Appi!

Pomocy!

häire

Alarm

kallaletung

Napad

rünnak

Atak

oht

Niebezpieczeństwo

avariiväljapääs

Wyjście awaryjne

Tulekahju!

Pożar!

tulekustuti

Gaśnica

õnnetus

Wypadek

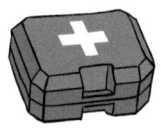

esmaabikomplekt

Walizeczka pierwszej pomocy

SOS

SOS

politsei

Policja

Euroopa

Europa

Põhja-Ameerika

Ameryka Północna

Lõuna-Ameerika

Ameryka Południowa

Aafrika

Afryka

Aasia

Azja

Austraalia

Australia

Atlandi ookean

Atlantyk

Vaikne ookean

Pacyfik

India ookean

Ocean Indyjski

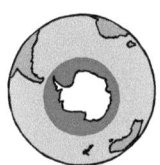

Lõuna-Jäämeri

Ocean Antarktyczny

Põhja-Jäämeri

Ocean Arktyczny

põhjapoolus

Biegun północny

lõunapoolus

Biegun południowy

Antarktika

Antarktyda

Maa

Ziemia

maismaa

Kraj

meri

Morze

saar

Wyspa

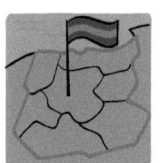

rahvus

Naród

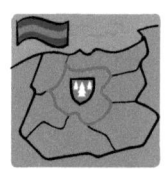

riik

Państwo

sihverplaat

Cyferblat

tunniosuti

Wskazówka godzinowa

minutiosuti

Wskazówka minutowa

sekundiosuti

Wskazówka sekundowa

Mis kell on?

Która godzina?

päev

Dzień

aeg

Czas

praegu

teraz

digitaalne kell

Zegarek digitalny

minut

Minuta

tund

Godzina

nädal
Tydzień

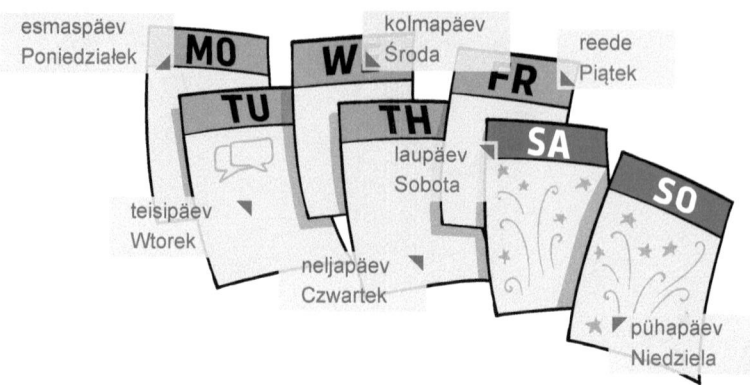

esmaspäev
Poniedziałek

kolmapäev
Środa

reede
Piątek

teisipäev
Wtorek

laupäev
Sobota

neljapäev
Czwartek

pühapäev
Niedziela

eile
wczoraj

täna
dzisiaj

homme
jutro

hommik
Rano

lõuna
Południe

õhtu
Wieczór

MO	TU	WE	TH	FR	SA	SU
1	2	3	4	5	6	7
8	9	10	11	12	13	14
15	16	17	18	19	20	21
22	23	24	25	26	27	28
29	30	31	1	2	3	4

tööpäevad
Dni robocze

MO	TU	WE	TH	FR	SA	SU
1	2	3	4	5	6	7
8	9	10	11	12	13	14
15	16	17	18	19	20	21
22	23	24	25	26	27	28
29	30	31	1	2	3	4

nädalavahetus
Weekend

aasta
Rok

vihm
Deszcz
vikerkaar
Tęcza
lumi
Śnieg
tuul
Wiatr
kevad
Wiosna
sügis
Jesień
suvi
Lato
talv
Zima

4.APRIL 11°
5.APRIL 4°
6.APRIL 13°
7.APRIL 8°
8.APRIL 10°

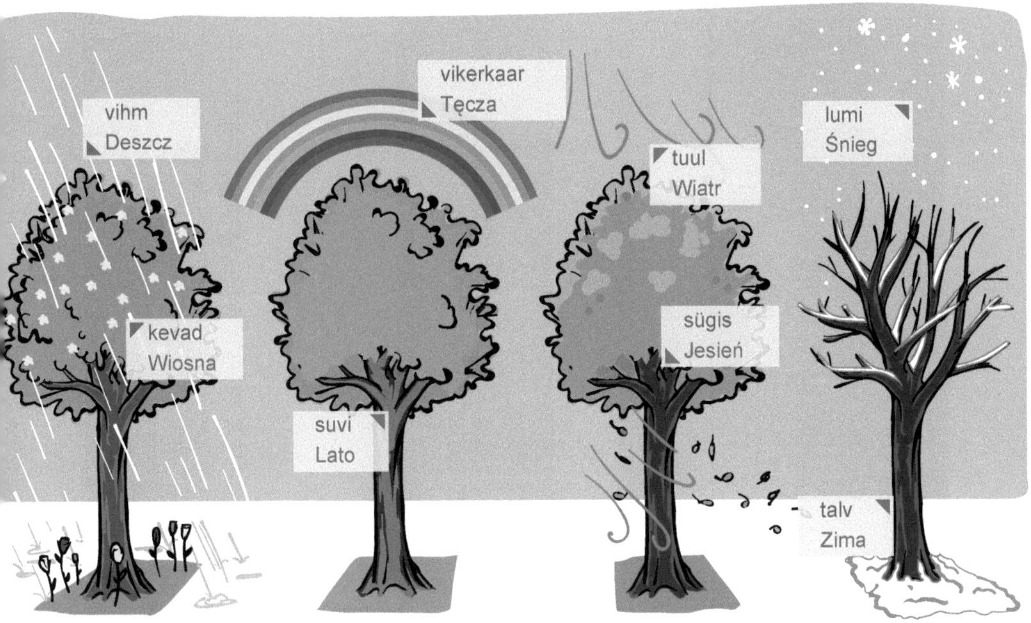

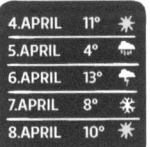

ilmaennustus

Prognoza pogody

F C
120 40
90 30
60 20
30 10
0 0
-30 -10
-20

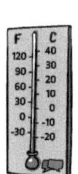

termomeeter

Termometr

päikesepaiste

Światło słoneczne

pilv

Chmura

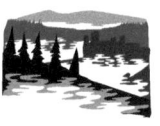

udu

Mgła

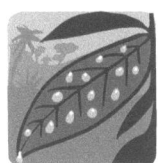

niiskus

Wilgotność powietrza

pikne

Błyskawica

kõu

Grzmot

torm

Sztorm

rahe

Grad

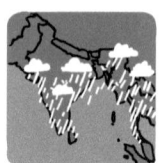

mussoon

Monsun

üleujutus

Potop

jää

Lód

jaanuar

Styczeń

veebruar

Luty

märts

Marzec

aprill

Kwiecień

mai

Maj

juuni

Czerwiec

juuli

Lipiec

august

Sierpień

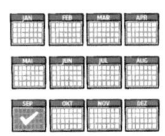

september
Wrzesień

oktoober
Październik

november
Listopad

detsember
Grudzień

ring
Koło

ruut
Kwadrat

nelinurk
Prostokąt

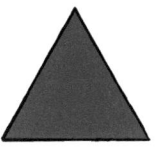

kolmnurk
Trójkąt

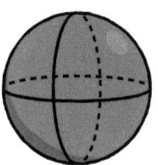

kera
Kula

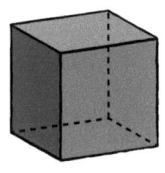

kuup
Sześcian

valge

biały

kollane

żółty

oranż

pomarańczowy

roosa

różowy

punane

czerwony

lilla

liliowy

sinine

niebieski

roheline

zielony

pruun

brązowy

hall

szary

must

czarny

palju / vähe
dużo / mało

vihane / rahulik
wściekły / spokojny

ilus / inetu
piękny / brzydki

algus / lõpp
początek / koniec

suur / väike
duży / mały

hele / tume
jasny / ciemny

vend / õde
brat / siostra

puhas / must
czysty / brudny

täielik / puudulik
kompletny / niekompletny

päev / öö
dzień / noc

surnud / elus
umarły / żywy

lai / kitsas
szeroki / wąski

söödav / mittesöödav

jadalny / niejadalny

kuri / sõbralik

zły / uprzejmy

põnevil / tüdinud

podniecony / znudzony

paks / peenike

gruby / chudy

esimene / viimane

najpierw / na końcu

sõber / vaenlane

przyjaciel / wróg

täis / tühi

pełen / pusty

kõva / pehme

twardy / miękki

raske / kerge

ciężki / lekki

nälg / janu

głód / pragnienie

haige / terve

chory / zdrowy

ebaseaduslik / seaduslik

nielegalny / legalny

tark / rumal

inteligentny / głupi

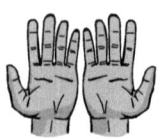

vasak / parem

lewo / prawo

lähedal / kaugel

bliski / daleki

uus / kasutatud

nowy / używany

mitte midagi / midagi

nic / coś

vana / noor

stary / młody

sees / väljas

włącz / wyłącz

lahti / kinni

otwarty / zamknięty

vaikne / vali

cichy / głośny

rikas / vaene

bogaty / biedny

õige / vale

prawidłowy / błędny

kare / sile

chropowaty / gładki

kurb / rõõmus

smutny / szczęśliwy

lühike / pikk

krótki / długi

aeglane / kiire

powolny / szybki

märg / kuiv

mokry/suchy

soe / jahe

ciepły / chłodny

sõda / rahu

wojna / pokój

0	**1**	**2**
null	üks	kaks
zero	jeden	dwa

3	**4**	**5**
kolm	neli	viis
trzy	cztery	pięć

6	**7**	**8**
kuus	seitse	kaheksa
sześć	siedem	osiem

9	**10**	**11**
üheksa	kümme	üksteist
dziewięć	dziesięć	jedenaście

12

kaksteist

dwanaście

13

kolmteist

trzynaście

14

neliteist

czternaście

15

viisteist

piętnaście

16

kuusteist

szesnaście

17

seitseteist

siedemnaście

18

kaheksateist

osiemnaście

19

üheksateist

dziewiętnaście

20

kakskümmend

dwadzieścia

100

sada

sto

1.000

tuhat

tysiąc

1.000.000

miljon

milion

inglise

Angielski

Ameerika inglise

Angielski amerykański

mandariini

Chiński mandaryński

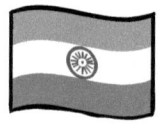

hindi

Hindi

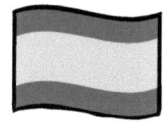

hispaania

Hiszpański

prantsuse

Francuski

araabia

Arabski

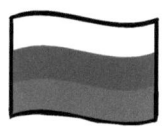

vene

Rosyjski

portugali

Portugalski

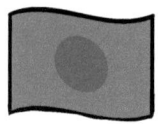

bengali

Bengalski

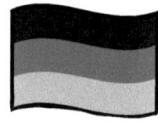

saksa

Niemiecki

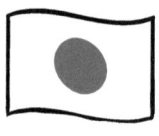

jaapani

Japoński

mina

ja

sina

ty

tema

on / ona / ono

meie

my

teie

wy

nemad

oni

kes?

kto?

mis?

co?

kuidas?

jak?

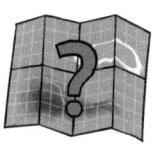

kus?

gdzie?

millal?

kiedy?

nimi

Nazwisko

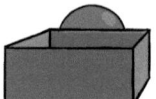

taga

za

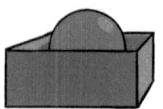

sees

w

ees

przed

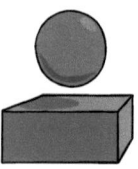

kohal

powyżej

peal

na

all

pod

kõrval

obok

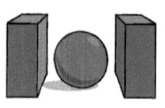

vahel

między

koht

Miejsce

.